Y+6180 (1)

Référ...

Ye

3250

Fale. 11700

NOELS NOVVEAVX
ET
CHANT PASTORAL
des Bergers Auvergnats,
pour la Natiuité de N^e
Seigneur IESVS-
CHRIST.

Composés en Auvergnat par M. F. Pezant,
Cosson, Alacris, le Curé Bourg, &
nouuellement augmentés par
plusieurs autres.

A CLERMONT,

Par IEAN BARBIER Impri-
meur du Roy & Libraire.

M. DC. LIII.

NOELS NOVVEAVX COMPOSEZ

par M. F. Pezant.

Sur le chant, I'ayme mieux ma mie gay.

Bargé chanten tous noé
A queyte iournade,
Par l'amour dau Rey nouüé
Et de la couchade,
Que nou a foe tant d'honnour
De porta le Redemtour,
De nature humaine gay
De nature humaine.

Anen le iouyouzamen
Et de bon courage,
Tu que dansa gayemen
Qu'a beau parsonnage,
Deychauffe me tou eyclo
Laiffe lou din aquey clo,
Et mene la dance gay
Et mene la dande.

Margarite vené fé
Que de tout fe meyle,
You ne fe pa quo vou fé
Prené voutre houmeyle :
Faffa be voutre deuey
Aquoy be voutre meitey

A 2

De dansa & rire gay
De dansa & rire.
　　Robi que vegué eyssou
Prenguet Peyronnelle,
Qu'aune eytudia sa leyssou
Trousset sa gounelle,
La leuet iusqu'au genou
Et nou faguet rire tou,
Quant ylho sautaue gay
Quant ylho sautaue.
　　De Nonen venguet Marssau
En sa chalabrette,
Que prenguet fazen vn sau
Noutre Guilloumette,
Cirge venguet de Durtou
Se cudet rompre le cou
A la Malaudeyre gay
A la Malaudeyre.
　　De Rouyat venguet Ligey
En bey sa bargeyre,
Que rancontret vn bargey
Dedin Chamaleyre,
Vn autre ben compagnou
Que deualet de Montrougnou

A noutre affamblade gay
A noutre affamblade.
   Nou ne craignan gey le frey
Le glas ny la nege
D'ana veyre le bon Rey
N'auian ma enuege.
Dauan marchaue Michau
Encore que fu deychau
Fazio la chalade gay,
Fazio la chalade.
   Anen lé tou d'vn accor
En grand diligence
Ly prefenta de bon cor
Honnour, reuerence,
Car ly foüere autre prefen
Ne pouden par le prefen
Au fis ny à la moüere gay
Au fis ny à la moüere.
   Nou n'auen or ny argen
Ny guere mounede,
Comme on a quella gen
Que porton la fede,
Y ne nous on re laiffa
Ma vn argo petaffa

Et la pobre armete gay
Et la pobre armete.
    Nou auen mille foucy
Que nou fon bataille
Et tant d'autray negocy
Lou cey & la Taille
Iamoüé n'en veyren la fy
Si Noé le petit fy
Ne nous y adiude gay
Ne nous y adiude.
    Leyssen donc noutre beytio
Sen dengune garde,
Car le bon Ange dou ceo
Le nou contregarde
De la verenouze den
Daqué treytre loup morden
Que tant l'enuegeaue gay
Que tant l'enuegeaue.
    Peu que fon venguts lou loups
En voutra charreyra
Gen de Clarmon chassa lous
A bon cops pe peyra
Bouta liour lou chy apré
Peu que fon vengu si pré

Mangea voutra œüilha gay
Mangea voutra œüilha.
    Pregen le pastour Noé
Quey vengut en tearre
Que garde be son troupé
De peste & de guyarre,
Et quand vendro au darrey iour
Nou veuilhe mettre au seiour
De sou beney Angey gay
De sou beney Angey.

Noel par le mesme Autheur sur le chant
Las mon Dieu y a il ayse qu'au mien &c.

PEu qu'auen la paix en France
Reiouyssen nou Bargers,
Chacun se mette à la dance,
Sian be dispos & legers
Noé nou donne
Nouuelle bonne
Par l'Ange messagey,
Que pu de guyarre
N'auren en tearre
Ye ney pa messongey
    Noé par fouere la feste

Nous a donna dau bon vy,
Nous en mettren din la teste
Do meilhour à mon aduy,
Daqueyte annade
Goutte d'eygade
Ne beouren ne couuen,
Vy de moueynage
Sero abcourage
Au frerey dou couuen.

    Vous aurey bonne vinade
Reiouziſſa vou coutau
Noé la nous a donnade
Iamoüé nen fuguet de tau,
Gen de montaigne
En la chaſtaigne
Beouron tant de vy dou,
Que petarrada
Seron donnada
Quant feront be fadou.

    You né pa paou que la neira
Nou picquon d'aquey eſtiou
Fuſſon groſſa comme peyra
Ou be groſſa comme vn eou,
Ma que de Loly

Dau Rey Bacoly
Metten force au chaley,
Nauren malaize
Et a noutre aize
Dormiren din le ley.
 Fenna que sé morfonduda
Si la teste vou foüé mau,
Vou seray toura tonduda
Fassa le chabe pu nau,
Par medecine
Non de racine
Mangearey d'vn hoüret,
Bon vy dou Sendre
Vou faudre prendre
Par gary le couret.
 Que faron Madamoyzella
Que son toura de vélour,
Qu'amon moüé vy que prounella
Ilhia beouron comme nou,
De la pepide
Sero garide
Et parlaro lati,
Que la Symoüeze
Sen foüere noize

B

Voeydaro le mati.

    Aquela gen de vialage
Aquiou grou veillars mouchou,
Ne vaudron autre poutage
Ma beauron comme couchou,
Daquelle pianche
Que fort de lanche
Beouron tant tou lou iour
Qve din la grangha
Et par la fangha
Tombaron comme lour.
    Lou chaffadou à la chaffe
Pourtaron force flacou
Chacun bouteilha pourchaffe
Lou batadour dou caquou,
Par rocs & peyra
Noutra lebreyra
Yron comme le ven,
Noutre chinailhe
Brigue batailhe
Rancontraron fouuen.
    Labouradou à la vigna
Quant il auron be moucha,
Faron porta groffa ligna

A liour moulher au marcha,
Gen de pratique
Et la musique
Tresourez & marchands,
A la bechade
De la brouchade
Seron prey par lou champs.
　　Noé tant de be nou face
Quand deicy seren partis,
Que le vegean face à face
En son benei Paradis,
Sa be vengude
Nou sio en adiude
Et en noutre recour
Sa bonta grande
Comme commande
Sero noutre secour.

Autre Noel par le mesme, sur le chant.
Mary ne vous y mettez pas , Si voulés long temps &c

CHanten noé tout gayemen
A son iouyou aduenemen.
Eycouta la granda nouuella
Quauen agut aqueyte neu

Ylha son for bonna & bella
L'ange ey vengut à la meyneu
En disen reiouzissa vou
Nacut ey le grand Rey de tou,
       Chanten noé, &c.
     Vous auez la paix desirade
You vous ô fau à tou sabey,
Et si auren aqueyte annade
Comme l'autre à force de bey
Prou blad ,.prou vy, amoué prou char,
Ma vou beourey vn po pu char.
       Chanten noé, &c.
    Anen y tou en diligence
Veyre Noé noutre Seignour,
Ly foüere tou la reuerence
Chacun faut que ly fasse honnour,
You men vo dauan le grand pa
Segué me tou ny failha pa.
       Chanten noé, &c.
   You ze tant de le veire enuege
Q'you ne seré pa endormy,
Et né pa pou que la grand nege
Me fasse faly le chamy,
Comme gailhar & veard galan

You le men vo tou deygalan.
      Chanten noé , &c.
     Aquouey a qué que tout gouuearne
De l'ana veyre aquouey razou,
Et n'anèn pu à la tauearne
Nou ferian bouta en preyzou,
Ma faffan mey quant auren fe
Anen beoure chacun cha fe.
      Chanten noé , &c.
     De pour que le cor ne nous failhe
Auant que de party deyci,
Ne nou faudro ny fé ny pailhe
Mangearen d'vn couchet farci,
Et beouren tou noutrey fadou
Dou vi deugean picquan & dou.
      Chanten noé , &c.
     Quoque faucigue quoque endoüilhe
Quoque patet de venazou,
Quoque chapou quoque margouilhe
Nou ferio for be de fazou,
Nou ne voulen ny laiçt ny cay
Garda le par le may de May.
      Chanten noé , &c.
Fazén vn fault vne gambade

Nou diren quant auren begut
A la moüere be sia couchade,
Et à son fi be sia vengut,
Vegea eicy voutrey bargé
D'habits & d'argen be ligé.
          Chanten noé, &c.
   Nou vou fazen vne requéte
Si vou plé de contregarda,
Noutra vigna de la tempété
Qne n'y tombe vueilha garda,
A quou nou serio for amar
Vira lo putou ver la mar.
          Chanten noé, &c.
   Garda lou bla que soubre tearre
Vous a plegut de nou donna,
Tousiour la paix, & pu de guyarre,
Et si vou plé nou pardonna,
Et quant d'eyci nou partiren
Quen paradi tout drey tiren.
Chanten noé tout gayemen
A son iouyou aduenemen.

Autre Noel par le mesme , sur le chant.
Bon iour bon iour ma commere.

CHanten treitou par la be vengude
De Noé nous autrey Bargé,
De l'Ange lauen tous entendude,
Ver sé nous yren lou proumé.

Tout autour d'vne fougeade
La neu gatdan le beytiau,
A la freydure & gialade
Nou chaufauan au fougau,
En fazen noutre veilhade
Nous a dit l'Ange dou ceau,
Qu'vne Vierge ero couchade
Dou fy de Deou eternau.

Chanten treitou, &c.

Et nous a dit dauantage
Que vo teny son eytas,
Anen y de bon courage
For be seren eycoutas,
Partiguemen dou vialage
En chamy nou sen bouta,
Ny aguet mouua passage
Par quo fussen arreita.

Chanten, &c.

Le troubemen din la creche
D'vn eytable deycoubear,

Aupré d'vn Beou que le leche,
Et d'vn afne tout eyuear,
Sa moüere fon drapeau feche
Iouzeph creigno for l'hiuear,
N'auion gey de ligne feche
Se chaufauon de bouvear.

Chanten, &c.

Chacun de nou le falude
Et ly faguet fon prezen,
Ayant tou la tefte nude
Que ly fuguet for plazen,
La razou de la vengude
Chacun fi ly voüé dizen,
Naguemen la lingue mude
Nou ouziguet en rizen.

Chanten, &c.

Nou li contemen la vide
Dou paftour & paftoureau,
Que deuion eftre la guide
De lhiour œüilha & troupeau,
Lhiour auarice infinide
En demande de nouueau,
Si ne lhiour tené la bride
Y feron toufiour Ribau.

Chanten treitou, &c.

Nou dirian be quoque choze
Dou Seignour d'aquey pay,
Ma dengun parla ne noze
Nou lou farian eibay,
Soubre vou lon se repoze
Y ne seron pa marry,
Si din noutre lettre cloze
Nous y metten noutre aduy.

Chanten treitou, &c.

Trop de siegey de Iustice,
Trop d'officiers nou auen,
Que rogeon par auarice
La partida be souuen,
Tout voüé comme l'eycaruice
Ne sçay pa comme viuen,
Mettez y ordre & police
Vou sé pruden & sçaben.

Chanten treitou, &c.

Force financé en France
Nou auen & Tresouré,
Lon en fario vne dance
Pu grande que de Bargé,
Y son tou pley d'arrogance

C

Son deuengu boubancets,
Auant que mania finance
Nauion vaillen trey deners.
            Chanten treitou, &c.
    Nou nou pouden pa defendre
Daquou leyrou vzuré,
Blad ny vy ne volon vendre
Sarron caua & grené,
Si fo à l'vzure prendre
Vou preitaron volontiers,
Si tou ne lou fazé pendre
Gataron voutrey Bargers.
            Chanten treitou, &c.
    Tant de Sargeans de la Taille
Quoquey leueur de deffau,
Nou fon si for la bataille,
Et nou donnon tant d'assau,
Si argen lon ne liour baille
Y nou fon dex mille mau,
Prenon le ley & la dailhe
Par quoquey rolley tou fau.
            Chanten treytou, &c.
    Noutrey vy daqueyte annade
Nou fon la passa coulour,

Y son vear comme pourrade
A qui son be la doulour,
Nou donnon py qu'enrageade
La coulique tou lou iour,
Si vou plé l'autre vinade
Donna en moüé & meilhour.

Chanten treytou , &c.

Nou pregemen for la moüere
Que prejesse son garsou,
De pensa a noutre affoüere
Et d'en foüere la razou,
Et qu'en son beney repoüere
Quan se vendro la sazou,
Veuilhe aupré de Deou le poüere
Treitou mettre en sa moizou.

Chanten treitou , &c.

Autre Noel par le mesme, sur le chant.
Ils sont trois fols.

NOé chanten
En daqueite iournade,
Noé chanten
Et nou reiouzissen.
A l'houre de meineu

En gardan le beytio,
A la cyme d'vn peu
L'Ange ey vengut dou ceo,
Qu'ero for beau
De cor & de vizage
Iamoüé vn tau
Ne veguey iouuenceau.

   Noé chanten, &c.

  A foüé fon embaffade
Nou l'auen eycouta,
Qu'ero be acoutrade
A diët en fon diëta,
Et recita
De Noé la vengude,
Tout par varta
En Bethlen la cita.

   Noé chanten, &c.

  Ou le fo ana veyre
Leffen noutrey eyclo,
De ioye le grand Peyre
Faguet trey foubreffo,
Lous eychaueo
Nou fazian par la nege,
Tou lou riuo

Sautauan a grand so.
      Noé chanten, &c.
    Vne for belle eytealle
Nous a donna clarda,
Entremen din la viale
Tout y fuguet bada,
Mal arriba
Din vn petit eytable
Tout eyfronda
Auen Noé trouba.
      Noé chanten, &c.
    Ver la moüere benigne
Nou anemen tout drey,
Nou faguet bonne mine
Venguemen be adrey
Iouzeph au Rey
La fougeade allumaue,
Mourie de frey
Et bouffaue lou dey.
      Noé chanten, &c.
    En grande reuerence
Nou l'auen adora,
Or, argen, ni cheuence
Ne li auen donna,

Dou gras chabry
Donnemen à la moüere,
Au petit fy
De bon rasin cousy.
          Noé chanten , &c.
      Margot noutre Bargeyre
Ly donnet vn Poulet,
Vn Pichou noutre neire
Qu'auio le peau foulet,
Vn beau charlet
Ly donnet Peyronnelle,
Noutre valet
Dou vy de son barlet.
          Noé chanten , &c.
      Ly dounemen l'aubade
En noutre Taboury,
Nou fazian la gambade
Le petit fy sen ry,
Et en risen
Prenguet noutra eytrena,
Autre presen
Nauian par le prezen.
          Noé chanten , &c.
      Touta noutra Bargeira

Que nou auion fegu,
Fagueron la prejeyra
Au petit fy Iefu,
De nou donna
A pres la mor la vide,
Que deou dura
Toufiour in fecula.
            Noé chanten, &c.

Autre Noel par le mefme, fur le chant.

Mon pay ma may you mori d'amour.

CHanten noé, noé chanten
Chanten noé iouyouzamen.
Aqueyte neu paffade
En gardan à la prade,
La œuilha & moutou
Enfemble treitou,
Dou ceo venguet vn meffagey
Habilhat en genti Bargey.
            Chanten noé, &c.
      A dict qu'ero couchade
La Reyne courounade,
D'vn beau petit garffou

Royou de foüeſſou,
Enuiron l'houre de meynu,
Ma bilho n'auio re de cueu.
　　Chanten noé, &c.
　　Que ne vo gey de guyarre
Ma bonne paix en tearre,
Et ſen dengun courroux
Paizibley & doux.
Vo que nou viuan iuſtamen
Entre nou, & paiziblemen.
　　Chanten noé, &c.
　　Eyclatemen de rire
Quant ouziguemen dire,
Que gardario dou loups
Noutrey agnelous,
Et que arreychario la den
Au leyrou vzurers morden.
　　Chanten noé, &c.
　　Toute neutre moüeynado
Fagueron la balade,
Fugueron tan iouyou,
Que lou pu rougnou.
Fazion lou grands ſaults perilhous
Tous ligers comme parpailhous.

Chanten noé, &c.
De grand reiouziſſence
Qu'auion de ſa neiſſence,
Fagueron vn banquet
Roubear & Marquet,
De charbonnade & d'oignou
A tou nous autrey compagnou.
    Chanten noé, &c.
Nou donneron a beoure
Bon vy vey & par vioure,
A force gra jambou
Soubre lou charbou,
Leiſſemen lou vy vear nouueau
Madura dedin lou touneau.
    Chanten noé, &c.
A pré treitou enteire
Seguemen la baneyre,
Que portaue Tougnou
Le bon compagnou,
Par ana ver l'enfan petit
Que de veyre auian appetit.
    Chanten noé, &c.
Din vne pobre grange
Mo batide de fange

D

En bethlen la cita
En petit eytat
Din vne creche pré d'vn Beou
Auen trouba le fy de Deou.
   Chanten noé, &c
Sa moüere ero couchade
Deſſoubre la pailhade
Iouſeph aupré de ſe
Que mourio de ſe
Tenio tout aquata de frey
Vne chandeale entre lou dey
   Chanten noé, &c
  De foüere chacun penſe
Honnour & reuerence
A ſon Rey & Seignour
Sen foüere le lour,
Chacun ly preſente ſon dou
Requeren de bon cor pardou
   Chanten noé, &c

Autre Noel par le meſme, ſur le chant.

Mes gands mes petis gands.

OR su Touniou qu'a entendu
Ce que nous a dict l'Ange,
Dou ceo sajou ey descendu
Dizen chacun ce range,
Par foüere honnour
Au grand Seignour,
Noé noutre bon moüeytre,
Qu'ey tout parfoüé,
Et qu'a tout foüé
Que foüé tout naistre & creytre.

    Eley deffendu de deffus
Par humble obeiffence,
Et fen foüere dengun reffus
A prengut parience,
De fé veny
Par furueny
Au pechat & offence,
Qu'a foué Adam,
A noutre dam
Don fazen penitence.

    En Bethlen la noble cita
La Vierge ay accouchade,
Din vn eytable petaffa
Iouzeph l'accompagnade,

Le bon mary

Treitou marry

Quey aupré d'vne piale.

Quey en soucy,

Qu'à son bourcy

Ne nio ne crou, ne piale.

Couly laisse don ton troupé,

Sarrat din ta bargueyre,

Veni en nou veire Noé

Pren din ta poutonneyre,

Quoque routy,

Que de maty

Quant montaren la coute,

Troubaren bou

Vn gras jambou

Qu'auen que re ne coute.

Nou en mangearen vn mourcé,

Ou vne bonne leyche

Beouren dou bon vy dou boucé,

Légue serio trop freiche,

Peu de bon cor

Tou d'vn accor,

Nou yren quo qu'en gronde,

Veyre le Rey

Quey le proumey
Prince de tout le monde.
   Yé ley grandemen enuegea
A moé quey be le pire,
Herode le fo enragea
Le charche par l'occire,
Si le trouben
Ou le faben
En toute fa brigade,
Yé fentiro
Quant pezaro,
De chacun la boulade.
   Aqué grou lordo eyffouty
Si le troube en bataille,
Ly donnaré de mon frondy
Tan drey par la vidaille,
Que comme vn por
Tout rede mor
En tombaro par tearre,
Et lou Bargers
Pu de dangers
Ne n'auron, ny de guiarre.
   Guillot tu fey tout morfondu
Pren vn pau de courage,

Mange d'vn froumage fondu.
Et quoque bon poutage,
Deuer le fey
Chauffe ton ley,
Et chaudamen te couche,
Beou ton fadou
De bon vy dou
Te gariro la pouche.
    Rouby motre nou le chamy
Foüé dauan la chalade,
Ou ne fo pa étre endormy
Fazen tou la veillade,
De bon maty
Seren a quy,
Et ly faren hommage,
Nou n'auen re tout ey de fe
Et foüé de fon oubrage.
    Nou le priaren qu'en courroux
N'vze de fa Iuftice,
Enuer nou ne fio rigouroux,
Que fen pley d'iniuftice,
Qu'aye piata
De noutre eyta,
Par fa mifericorde,

Et que viuan,
Dor en auan
Tou en paix & concorde.
    Par noutrey pechas endechas
Sen d'vne grande peſte,
Sy ly plé qu'en ſian deipoueychas,
Ly en fazen requeſte,
En credan tou
Adjuda nou
Par voutre be vengude,
Noutre confor,
Et noutre for
Vou ſé noutre adjude.
    La guiarre nous o tormenta
L'vn cha l'autre ſe fiche,
Famine nou o viſita
A quelle fauce triche,
Et be ſouuen
Quoque grand ven,
Blads & razin engroune,
Noutre vachey
Prez dou pichey
Ne plen re ma la groune,
    Noé nou pregearen treitou

Et la Vierge beneyte,
Que preiaro son fy par nou
Que doucemen allayte,
Nou pardouna,
Et nou donna
En bonne sanda ioye,
Et à la fy
De noutre fy,
En paradi sa glorie.

Autre Noel par le mesme, sur le chant.

Maudit soit le petit chien.

NOé toute la iournade,
Noé chanten tou lou iour.
En Bethlen la neu passade
Naqut ey le Redemtour,
D'vne Vierge honorade,
Nou moutran signe d'amour,
Sen foüere pu long seiour,
Partiguemen d'auan iour
Anemen ver la couchade,
Chacun par ly foüere hounour.
    Noé touta la iournade, &c,

Nou leyſſemen din la prade
Poüeſſe noutrey vedelou,
Et toute la troupelade
La œuilhas & agnelou,
Par couleyras & valou
Nou n'auian gey paou dou Lou,
De frey n'auian gey longlade,
Ny la myoula au talou.

  Noé touta la iournade ; &c.

  L'vn fazio la ſoupelette
Soubre ſou argo peillou,
Et l'autre la chandalette,
L'autre le ſault perillou,
Aquoüere vn ca merueillou,
De nou veire ſi iouyou,
L'vn laiſſaue ſa jaquette
L'autre ſou eyclo pailhou.

  Noé toute la iournade , &c.

  Din vne grange alugeade
Fuguet la moüere de Deou,
Freyde toute partuzade
Pré d'vn Aſne & d'vn Beou,
Iouzeph ſemblaue vn roumeou,
Qu'auio prey ſon bounet neou,

E

Alumaue la fougeade
Par ly foüere quoueyre vn cou.
    Noé toute la iournade, &c.
    Apré l'auen faludade,
Et Noé noutre Seignour
A la mode acoutumade,
Nou ly faguemen la cour
En dizen tout à l'entour
Done Deou vou don bon iour,
Vou fia la tré be couchade
A Deou fia iufque au retour.
    Noé toute la iournade, &c.
    Retournemen à grand hafte
Veyre de noutrey moutou,
Seron foüé gras comme pafte,
Amoüé lou peti fedou,
La vacha de bon laict dou,
Randeron lou pley feilhou,
A moüé la grand plene bafte
De ioye dancemen tou.
    Noé toute la iournade, &c.
    Toute aquelle matinade
Quant fuguemen retourna,
Anemen douna l'aubade

A toute la vezina,
Se meyron a cuzina
Par apreyta a difna,
Aguemen la charbounade
Par noutre deideiuna.

      Noé toute la iournade, &c.

  Ne vouguemen de calhade
Tropt freyde ero de maty,
Ma afforce char falade
Et beguemen de bon vy,
Quant venguet à l'eiparty
Aguemen le picouty,
Non de fé ny de fiuade
Ma d'vn bon chapou routy.

      Noé toute la iournade, &c.

  Encore qu'aqueyte annade
Tout quant ey nou fio be char,
Et toute autre deneyrade,
Le Blad, le vy, & la char,
Si mangearen nou dou lar,
Et beouren par noutre liar
Touiour quoque goubelade,
Aquou fero noutre part.

      Noé toute la iournade, &c.

Si vailhan vne gourmene,
Dou be aurian à foucyzou,
De noutre pecha la pene
Porten comme ey de razou,
Deou preiaren iuste & bou,
Que nou fasse le pardou,
Qu'à la Marie Magdalene
Faguet, & au bon leyrou.
   Noé toute la iournade, &c.

Autre Noel composé par le mesme
Pezan.

SVs debout que chacun noé chante
Et Noé contente,
Sus que chacun Noé represente
Sa natiuita.
   Adam par outrecuidence
A pechat,
Et par dezoubeissence
Empoichat,
Ma le fy de Deo le poëre,
Par y satifoëre,
Ey vengu sajou de son repoëre,

Prendre humanita.

  Sus debout que chacun, &c.

  Vne pioucelle eycelente

En beauta,

Que se diguet sa siruente

La pourta,

Sen virginita en re corrompre

Nau mey din son ventre,

Aneiçy ou fo treitou entendre,

Aquouey la varta.

   Sus debout que chacun, &c.

  A meyneu le Rey noutable

Ey naqut,

En Bethlen din vn eytable

Tout rompu,

Soubre vn po de fe, & pailhe seche

Dedin vne creche,

Prez d'vn Asne & d'vn Beou que le

 leche,

Le bon Rey tout nud.

  Sus debout que chacun, &c.

  Lou pastour & pastourellas

Aduertis,

Par l'Ange de las nouuellas

Sont partis,
Par ana veyre le Rey celeste,
L'enfan tan honneste
On laissa poüesse din le geneste,
Lou aigneaux petis.
    Sus debout que chacun, &c.
    Trey Reys de grande eycelence
Sont venguts,
Honnour foüere & reuerence
A Iesus,
Ma Heyrode aqué vilain traitre
Voulie tua son moüeytre,
Et tou lou eyfan que sabio neytre
Lou zo morts randus.
    Sus debout que chacun, &c.
    Ioseph aduarti par l'Ange
En dourmen,
Veguet dou leyrous estrange
Le tourmen
Soubre l'asne charget son bagage
Et de bon courage,
A la Moüere saruiguet de page
Sen von gentamen.
    Sus debout, &c.

Sa vengude defirade
Tan fouuen,
Et heyrouze & fourtunade
Nou auen,
Iamoüé pu ne payaren la Taille
Maugra la marmailhe,
Que nou zon vougut foüere bataille
Liour ca n'ey ma ven.

   Sus debout ,&c

  Sus qu'a Noé chacun face
Grand hounour,
Ne ly moutran chiche face
Au rebour,
Mótren ly qu'auen aqueyte annade
La bonne vinade,
Beoure nou zen fo la goubelade
Chacun à fon tour.

   Sus debout, &c.

  Pregen Noé que nou donne
Paradis,
Noutrey meifaitz nou pardonne
Et meydicts,
Et que viuan tou en patience,
Que de noutrey pecha penitence,

Faſſan entendis.

Sus debout que chacun, &c.

Noels nouueaux compoſez par M. I.
Coſſon, ſur le chant.

Faictes vous touſiours cela dame Huguette.

Vo vo veni enbey you.
Veire Noé noutre poere,
Quo vo veni enbey you
Veire Noé noutre Deou.
  Tiene Fourcy vendro be
Ly pourtaro de ſon be,
Par le min dou drap tout neou
Sero par veity ſa moere,
Qio vo veni enbey you,
Veire Noé noutre poere,
  Quo vo veni, &c.
  Et Marguet Deuicembour
Par veire le Sauuadour,
Nou ſegra be tout iouyou,
A moüe ne pougnaro guere.
  Quo vo veni, &c.
Garrot ne ſero pa loin

Nou segre ma Be apoin,
Meiuy que porta ly deou
De la chaussa que sça foere.
    Quo vo veni enbey you, &c.
    Et Branchou le cuziney
Ly pourtaro dou courney,
Et doublia vn pouyou
Din le cabas de son frere.
    Quo vo veni enbey you, &c.
    Ioan le barbey be vendro
Vn beau bassi ly pourtaro,
Iaune comme vn bouyou d'eou
Par le laua si n'o affoere.
    Quo vo veni enbey you, &c.
    Be vendro la done Anné
Ly pourtaro vn anné,
En d'vn diaman be preciou
Ylho sa be son affouere.
    Quo vo veni enbey you, &c.
    Sounen Clamen Mazera
Ly portaro vn matela,
Sero sa par & portion,
Par coucha Deou debonnaire.
    Quo vo veni enbey you, &c.

F

Que faro Gabrié Deceau
Qn'a ouzy l'Ange dou ceau.
Force chandeala de siou
Lumare par foere eyclere.
    Quo vo veni, &c.
    Appellen Toni Mouran
Que se boute à noutre ran,
Comme nou sero soumeou
Ma que mene sa commoere.
    Quo vo veni enbey you, &c.
    Ayan Girau Leiparuey
Que faro be son deuey,
De nou segre mor ou viou,
Fuguer yo ver Beaurepoere.
    Quo vo veni enbey you, &c.

Autre Noel par le mesme, sur le chant.

Ma femme m'a dit que i'estois bon homme.

TOuniou bade l'œu
  Aqueite iournade,
Peu qu'à la meineu
La Vierge ey couchade,

Dou fy de Deou proumey
Que nous ero proumey,
Par rachepta le monde
De gracie deimey.

　Yé l'Ange ouzy
Que voey vengut dire,
Chanten mon vezy
Oure ey tem de rire,
Anen iouyouzamen
En Bethlen vitamen
Aqui nou pourren veire
Noé gayemen.

　Le genti Noé
N'a gey de chamize,
Et fi n'o iamoé
Pou dou ven de bize,
Car yé ley Deou parfoet
Que iamoé mau n'o foet,
Yé foé par fa poeyffance
Et foé & deifoé.

　Heyrode leyran
Le vo veni veire,
Ma le faux tiran
Nou le faren quoeyre

Car vo foere moury
Aqué que nou nury,
Giten le din la fange,
Le faren pury.

Au bou innocen
Queron din sa tearre,
De seau & de sen
Liour zo foé la guiarre,
Re ne liour o aufear
Ma leypée de fear,
Aussi son arme toute
Sero en enfear.

De souley leuan
Trey Rey de parage
Son vengu d'auan
A Noé foere hommage,
Tou trey ly on presenta
Sen estre tourmenta,
Touta la meillour choza
Qui auion pourta.

Prejen de bon cor
Noé tou en dance,
Que boute d'accor
Le monde de France,

Quey tan engarregea
L'vn ver l'autre enuegea
Que me femble à toute houre
Que fio enragea.

    Si fen gen de be
Guiarre n'auren guere
Ma que pregen bo
Noé noutre poere,
Sian tou d'agenoüillou
Pregen le que broüillou
Ne fian de noutre vide
Ni moé orgueüillou.

    Et quant nou mourren
Comme you me fonde
Iamoé nou n'auren
Paou en l'autre monde,
Demanden ly pardou
Non par vn ny par dou,
Ma par treitou le monde
Noé ey tan dou.

Noel par le mefme, fur le chant.

D'vn branle gay.

ROuby eycoute mon dire
Vou fo rire,
De bon cor,
Car Noé de son empire
Ey vengut combatre la mor.
   Vne boune moüere pioucelle
Nou zo pourta aquey beau fy,
Quey d'aquey monde la pu belle
Et si la foüet en d'vn coufy,
D'vne creche aupré d'vn Asne
You m'affanaue
Dou trouba,
Ma si fo vou qu'you le ane
S'you deuio tou lou quo tomba.
   Rouby eycoute mon dire, &c.
   Vou y auio vne Vache,
Ou be vn Beou si mei auy,
Ma si fo vou be qu'you vou sçache
Dauan que beoure vn gro de vy,
You le men vo de courage
Be que sage,
You seré
Et si faré d'auantage,
Deou de bon iour ly dounaré.

Rouby eicoute mon dire, &c.
You ne voule pa qu'oublidade
Sio sa moüere, ny moé Iouzé,
De ma muzette auro vne aubade,
Et de mon beau cournet qu'you zé,
Et si faré la gambade
Enleuade
Iusque au tro,
Par l'amour de la couchade
Que nou zo enfanta Nadau.

Rouby eicoute mon dire, &c.
Reyno si tu me vouley segre
Iamoé ne vegueten tau qua,
Re ne ly pourtara de moegre,
Tu ne te vouley pa mouqua,
Porte ly de ta muzique
Magnifique
Que tu fa,
Yliey douce & harmonique,
De la be foere tu triompha.

Rouby eicoute mon dire, &c.
You sey be segur que Fortune
Deigourdiro be tou sou dey,
Ne laissaro marche dengune

Be faro peta le clauey
De la orguey renfourçada
Be enflada,
De bon ven,
Chanfou feron rafonnada
Car yé ley en daquou fçauan.
      Rouby, &c.

      Moüeytre Iean fero de la fefte
Vou ne le fo pa oublida,
Par chanta de fen & de tefte
Vou le fo don be couuida
Car yé lo le parfonnage
Et courfage
Be fiala,
Par gringouta vn paffage
N'a gey le goulayou giala
      Rouby, &c.

   Vou nio be d'autrey qu'you couniffe
Comme dou Riou amoüé Bonnet,
Et Debriou que ney pa nouuiffe
Aquiou freydonnaron tout net,
La gorge be affialade,
Et deyliade
Y lauron,

N'eypargniaron liour couvade,
De roussigniola triompharon.

    Rouby eicoute mon dire, &c.

    Vou ne nou faudro pa re foüere
Ma preghea le peti Noé,
Que nou enuoye ver son poüere,
Et que nou nen bógen iamoé,
Aqui seren à noutre aize
Sen mal-aize
Vrayemen,
En l'adouran you le boize,
Comme vray Deou dou firmamen.

Noel par le mesme, sur le chant.

D'vn branle de Poictoux.

You mario moé estre tondu
    S'you ne chantaue aqueite annade
Noé you chantaré nau
Peu que Deou ey vengu veire,
Le monde tan ple de mau,
Tan plé que lon soubrie creire
Ma eley dou ceau descendu,

G

Par guari toute ſa moüeynade.

    You mario moé eſtre tondu, &c.

    Aquouey le grand Medecy

Que gariro be noutre arme,

You m'en vo parti d'eicy,

Et vo courre moé que narme,

Par ana lé ou ey naqu

En Bethlen ſa moüere ey couchade.

    You mario moé, &c.

    Sus don qu'you ſio le proumey

Peu qu'you ſabe la nouuelle,

You ne ſoubrio foüere mey

Que d'eytrena la pioucelle,

D'vn quartey de drap refendu

Daquou ilhe ſero chauſſade.

    You mario moé, &c.

    La Margo ly donnaro

De la tealle be batude,

Et Touniou ly pourtaro

L'œüilhe que ney pa tondude,

Guillou que n'ey pu marfondu

Faro par treitou l'embaſſade.

    You mario moé, &c.

    Quant à Noé ple d'hounour

Prezen ne ly ſoubrian foüere,
Qua eley tan grand ſeignour
Qie de be yé no qu'a foüere,
Teitou le monde ly ey tengu,
Peu qu'yé lo la vide dounade.
　　　You mario moé, &c.
Vou ey vray que fo preſenta
Dauan ſe noutre requeſte,
Humblemen ſen ſaquoeyta,
Et ſen chapé à la teſte,
A ſe tout hounour ey deougut,
Et à ſa moüere hounourade.
　　　You mario moé, &c.
Prejen le don douçamen,
Que par ſa douçe naiſſence
Noutre arme n'aye tourmen
Quand gitaro ſa ſentence,
Que dilhe ne ſio reicondu,
Ma que en paradi ſio boutade.

Noel compoſe par M. Fortune ſur, le chant.

Les Bourguignons ont mis le camp
deuant la ville de Peronnes.

G 2

CHanten Noé de bon accord
Nous autrey bargé de montagne
Peù que noutre Rey ey d'accord,
Enbey le grand Rey d'Eypagne,
Y son bou amy si me semble,
Deou face quou dure lon tem,
Qui l'ayon boune paix ensemble,
A quouey be ce que demanden.
    A queyre feste si pouden,
Laissen noutre mauuaze vide
Et de mau foüere nou garden,
Comme le bon Jesu nou guide,
Eley par nou vengu en tearre,
Et dou grand ceau ey descendu,
Yé nou zo foüet cessa la guiarre,
Hela que nou ly sen tengu.
    Receben le en grand hounour
En d'aqueite saincte iournade,
Yé nou zo be foüet vn bon tour,
Qu'yé nou zo son amour donnade,
Eley vengu endaquey monde
Par eyfaça noutrey pecha,
Que Satan tan que voudra gronde
Noé nou en o deypoeycha.

Le bon Iefu noutre Seignour
Chouzigué be la bonne moere,
Din fon ventre fagué feiour,
Comme é lauie proumey de foere,
Ma Iouzeph trop fe meycontaue
Quant é fuguet qu'emen jalou,
Et la coulere ly montaue,
Si be qu'auie frey au talou.

Ma yé fuguet tout confoula,
Quant yé faubé be tout l'affoüere,
Que l'Ange ly aguet parla,
Que Marie ferio la moüere
Dou grand Rey de tout le monde,
Iouzeph d'aquou you te reiponde,
Ylho pourtaro Iefus-Chrift,
Comme l'Ange auie predit.

Noé nou vou prejen treitou
De be garda noutre moüeynade,
Lou beou, lou aigniau, & lou moutou,
La vacha & liour vedelade,
Si vou plé garda nou de pefte,
Que de guiarre ne fian troubla
Et la vigna de la tempéte
Et qu'ayant bon marcha de bla,

Et si vou voudrian be preja
De foere modera la Taille,
Nou ne pouden re pu paya
Sen vendre le ley & la paille,
Lou Siruen venon à la porte
Tou lou iour dou paubrey bargé,
Et si argen on ne liour porte,
Chargeon lou ban & lou chalé.

Mon Deou qu'auen vegu de mau,
Que de negocy, que de foenda,
Quant nou souuenen quoque pau
De ce que sey foüet lautra nada,
Veremen le couret nou tremble
Quant pensen à la trahisou
Dou differen qu'auian ensemble
Lou peo nou souleuon treytou.

Noé vou nou zaué douna
Dou bon vy par foere la feste,
L'hounour vou zen sio retourna
Nou zen beouren à plene teste,
Bon Iesu veuilla nou recebre
En Paradi quand nou mourren,
Que re ne nou venie decebre
Au monde tan que nou viouren.

Autre Noel par le mesme, sur le chant

Mary iamoé pu ne ioüaré, &c.

A My n'aué vou pa ouzy,
Le chant que ma tou reiouzy,
You ere encore din le ley
Quant vn Ange chantaue.
Iamoé naguey tan de plazey,
Si be roussignolaue.
    Le sujet ey de la chansou
Qu'anen veyre vn genty garçou,
Eley naqut par nou sauua,
Amy anen le veyre,
Ma dauan ou fo deyiuna
Si vou me voulé creyre.

    Soubre tou beuuen de bon vy,
Yé donne l'ayme à mon auy,
Nou faren rage de cauza
Fazen noutre embassade,
Quant le bec ey be arrouza,
La lingue ey affialade.

La fenna porton trop d'eyta
Aquou n'ey pa de suporta,
Le nom de Madama ey corda,
Ou n'ey pa de uouuela,
Aquou ey grand qua qu'vn cache na
La face Damoizella.

    Aquou n'ey pa encore le tou,
Ylha ioüon, en toute sazou,
De ioüa ne manque le moyen
Quand n'yo pa de jaleyte,
Car la chambre a vn besoin,
De la veua ey preyte.

    Lou Homey en fon be autan,
Et cependen nou deuen tan,
Nou prenen vn pobre chamy
Par aquita la Viale,
A la fy din noutre bourcy
N'auro ny crou ny piale.

    Nou n'ozen bougea dou fougey,
De grand paou qu'auen d'étre prey
Par lou derey que nou deuen,
Aquoey choze be dure,
De paya n'yo pa le moyen,
Fo lacha la centure,

Si pluuio dou doubley duca
Aquou serio be noutre qua,
Nou payarian iouyouzamen
Et gardarian la reste,
Que pense paya autremen :
Par nion se romp la téte.

    Nou fouarian & farian l'amour
Pourtarian masquey tou lou iour,
Et peu quant vendrie le beau tem
Dansarian tou en teyre,
Niriau prendre le passetem
Au genty Chamaleyre,

    Ma si nou zen pouden forty
Ou ne fuguet iamoüé tan ry,
Nou chantaren Noé noé
Credan à plene teste,
N'eypargnan ny blanc ny claré
Par mey foëre la feste.

    Nou prejaren le Rey Noé
De nou adiuda si ly plé,
Autremen nou sen tou pardu
Nou faren banqueroutte,
Lou pu sagey y son trompa
Narme ny vé pu goutte.

            H

Noel composé par M. Champflour, sur le chant de Arnau l'enfant.

Nou nou dèuen be reiouzy
Peu que nou deuen tou touzy,
De la naiffence dou grand Rey,
Quey vengu par nou be adrey.
  Eley naqu en Bethlen,
Anen le don tou viramen,
Ou fo qu'you lé fio le proumey,
Car de treitou dize le mey.
You ly diré en mon dita,
Seigne vou fé be apeita
D'Abram, d'Yza, & de Iacob,
Car vou payarey liour eyco.
  De lon tem y fon preyzouné,
Amoüé d'autrey qu'eron proumé,
Treitou vou lou rachatarey,
Sen en laiffa pa vn darrey,
Marfo ly diro peu apré,
Seigne you fey vengu eypré,
Par vou prefenta de bon cor,
Mon faruice iufque à la mor.

Guillou que beguegeo vn pau
Ly prefentaro fon houftau,
Couly quey touriour à l'abry
Ly dounaro vn gra chabry.

Ma fou aquou n'ey re au pry,
De Peirot habilla de gry,
Que ly dounaro vn prezen,
Qu'amaro moé qu'or ny argen,

Et ly dounaro fen minty
Dou chapou enbey doüa Padry,
Et dou pu gra de fon troupé,
Trey Moutou enfemble liour pé.

Ma le darey meilhour fero,
Car Ioüan mey le contentaro,
Quant le prejaro par treirou,
Garda noutra Oeüilha dou Lou.

Chanten don fon aduenemen,
Peu qu'é ley noutre fauuamen,
Chanten fen ly foüere aucun tor
Peu que par nou mé fouffri mor.

Autres Noels en langue des montaynes
d'Auvergne, compofez par
M. Alacris, & le Curé Bourg.

H 2

ASsemblen nou Bargers,
En belos troupelados,
Tous gaillards & ligers
Commencen las aubados,
Car vn Ange ey del ceau vengut,
Nou zou auen aparegut.

El vole soubre nous
En sa alos dourados,
Nous auen à genous,
Nouuelos escotados,
Que lou fils de Deou attendut.
Or ey en tearre descendut.

Ou nou chau assembla,
Nou mettre en bello danso,
Et nostre Aze carga
De po & de pidanso,
Et quoque pau de bon rosty,
Car l'Enfan ney mau assorty.

Auance ty Rigau
Par juda à ta mayre,
Et preste ton argau
A Iouzé le bon payre,
Si nero qu'el si te tout drey,
You creze quel mourrio de frey.

Sounen Ioüan dos Frabo
Que porte ſa muzéto,
Giraume lou taro
Et Seruo ſa trompetto,
Iamay à l'hale de Mondor
Ne fuguet ouuy tal accor,
　　La Ioüane danſe be
Ma l'Aly la compaſſe,
Et la Thonie tan be
Danſſe mey la rougaſſe,
Aquélo qu'o lou courſet gry
De danſſa emporte lou pry.
　　Doux ou treis de Bagnio,
Autrey doux de la Fargho,
Et aqueoux de Chartreis
De danſſa fazion ragho,
Lou proumey branle fu dounat
A vn valeo de ſainct Dounat.
　　Dous gras agnelous neis
Ly pourté la Bargeyre,
May dou ozelous neys
Dedin ſa poutonneire,
Et vn for genti chapelet
Fay de Sobie, de Serpoulet

Doux gras agnielous neis,
De laict & force thoumos,
Et vn bel plen paneis
Ly on dounat de poumos,
Doüos poulos grassos, vn jalou.
Vne culieyre vn panlou,
   N'a tu pa din ton se
La bourçe de ton payre,
Obe l'ay per ma se
Ylho ne pezo gayre,
Enquére l'ay yo qualque escut
Per douna à l'Enfant nascut,
   Y vengueron de loin
Din la grange trosquade
L'enfan alpé din coin
Et sa moëre couchado,
Lou Beou la Saume à l'entour
Que recounission lou Seignour.
   Eley mau alougea
Dedin vn paubre estable,
Be for mau arrengea
Din vn lió miserable,
Lé ou leyssire lou mau tem
Yé bouffe queymen en tou tem.

Nou zauen trop pognia
Lou beſtial nous apeto,
Enfans pregnia congea
De la Vierge beneito,
Prejen ſon fy que de danger,
Veuilhe garda noutrey Barger.

Autre Noel par le meſme Alactis.

OV mey vy qu'you vole
Compoere Vidau,
De force qu'you vole
Na veyre nadau.
  Tougniou mon bon frayre
You zé be ouzy,
Vn Ange en l'ayre
Que m'o reiouzy.
        Ou mey vy, &c.
  Dizie qu'vne mouere
En quauque cita,
A Deou le pouere
Vierge enfantat.
        Ou mey vy, &c.

Prenen tou sen pauzo
Le chamy pu court,
Raillen quauque chauze
Daquious de la Court,
       Ou mey vy, &c.
  A Clarmon vengueton
Defendre la Ley,
Et re ne sagueton
Au proufey dau Rey.
       Ou mey vy, &c.
  Bonney de brayera
Quoquey Mareychau,
Moüeytre de Raqueyta
Qu'auion le mour chau.
       Ou mey vy, &c.
  Quauque Secretary
Qu'eycriuie debout,
Peu din vn armary
Arribaue tout.
       Ou mey vy, &c.
  Quauqua contenença
Fazion en d'vn coin,
Et la reuerença
Recebion de loin.

Ma treytou troubauon
Si grande fabour
Quant argen baillauon
Lou retebadour . Ou mey vy, &c.
    Iamoé tan de greuza
Homme ne veguet
Iamoé tan de reuza
L'on ne couniguet. Ou mey vy, &c.
    Entre choza braua
De tou liour deuey
Fuguet de la caua
Beoure lou vy vey. Ou mey vy, &c.
    Et peu fen aneton
Tou en Bourbouney,
Moüé vy vey mandeton
Tira dou tonney. Ou mey vy, &c
    Deou le lou condughe
Laiffa lou ana
Le ha din la bughe
Force eyparmena. Ou mey vy, &c.
    Ma-compoëre Peyre
Anen vitamen
Noutre Noé veyre
Tout iouyouzamen. Ou mey vy, &c.

I

Et ly faudro dire
Tan nau que pourren,
Que nou façe rire
Au ceau quand mourren.

Noel composé par le Curé de Bourg, sur le
chant, gentils brodeurs de France.

VIdal entre nous doux
Nous fau be tourmentar,
Car à l'enfant tan doux
Qu'ane men visitar,
On garat lou tetar,
You more de tout dire,
Ayant plours par lou champs
Au champs,
Car dou leyrous meischans
Lou nou voulon occire.
Despeussa l'autre iour
Qu'ane men adoura,
Treys Reys de grand hounour
N'ont guaire demoura,
Mas on ver se tira
Chaminant à gran cource,

On dounat au regen
De l'or & de l'argen
Vne grande plene bource.
  Ma Heyrode l'eyran
A fay commandemen
De tuar tous lous enfans
De tout fon mandemen,
Iouzé tou b.llemen
Et lou fils & la meyre,
A fon lougis laiffat
Dreiffat,
Quant fugueron preiffat
De la gen daquel layre,
  Ou le nou chau anar
Treytous a grand troupeaux,
Et de grands cops donnar
A fous meifchans ribaux,
Dedins aqueaux riuaux
Liour plongearey la tefte,
En daquel Rey d'orgueil Badeul
You le crabarey lœüil
Et ly farey fa refte.
  Partir fau viftamen
Sen eftre plus affis.

You darey hardimen
De grand cops be affis,
Drey entre lou dou fys
Auron de ma boulade,
Et peuffa vn grand cop
D'eftoc,
N'en reftaro pa treys
De toute fon armade.

Autre Noel composé par le mefme Curè B.

Chante Roubi chante,
  Dançe-tu Vidau,
Reueille lou beftiau
Méne iouyffence
Par aquey Nadau,
Fils de Deou Eternau,
Imperiau,
Celeftiau,
Que nous gardaro de tous mau,
Par fa be vēgude chantarē alegramen
Noé le Fils de Deou omnipoten.
    Roubi mon beau frayre
Digue my vartat

Eras tu reueillat,

Qvant l'Ange en layre

A tan for credat,

Et o si be cantat,

Et fazio chant,

Et reire chant,

Lou prin, lou grou, & le bi-chant,

En cháᶜát vt, ᵣe, mi, fa, la, côtᵣe la tenou

Fa, la, sol, fa, mi, re, la, grand douçour

    Ou serio foulie

De layssas estar

Tout soulet lou bestial,

Si le loupi veigne

Farie son iournal

Aueyr lou pastoural,

Ma ne men chau

Peu que fay chau

Et tou deguesse anas à mau,

Par sa be vẽgude chantaren alegremẽ

Noé le fy de Deou omnipoten.

    La fausse loyrasse

Ero ja vengut

Que serio reiscondut,

L'ay daré lou pargue

Que fazio lou mut,
O le loup rependut,
Lorre goulut
A la chut chut,
Vay entra dedin lou troupel,
La pu graffe fede emportaue lou bourel
Si ne fuguet vengut lou chy garrel.

Le Loup pren la fede,
Et la vay carga
Que len voulio porta
En fautan la clede,
Et vay trebucha,
Trop de brut vay mena,
Lou chy jappa
Et l'engaffat,
En vn valla lou fa tomba,
La fede efcape lou chy la vay attrapa
Si lourdemen au col, vay l'eftrangla.

Autre Noel par le mefme Curé Bourg.

EN daqueys tem
Noé chanten

Toutas bounas gen,
De rire se chal apreſtar,
L'enfan tant gent
Noſtre regent,
Deſſous l'alapen,
Eys naſqut per nous rachaptar.

    Couly & Coulynous
Eron deſſous vn frayſſe,
Que diſion entre liours
Qu'vn enfan deuie nayſſe
D'vne Vierge de grand beautat,
Et tout par vartat,
Vn Enfan tou ple de vertus,
Que nous vendrio tous rachatar,
Sen re aſſetar,
Don ſe reioüiron treitus.

    Apres meyneu vn pau
L'Ange lour venguet dire,
Fazas chacun vn ſau,
Car ou eys tem de rire,
L'enfan qu'auias prophetiza
En grand paubreta,
Eys naſqut, anas lou vezey
En Bethlen la gente cita

L'anas vizita,
Et vou farey voſtre deuey.
    Adonc diguet Couly,
Et toute ſa ſequéle,
Anen veire lou fy
Enſemble la pioucelle,
Soubre aquo yey dire Guillot,
Sen faire lou ſot,
You nou ſeray pa lou darrey,
You ly pouttarey vn fagot,
A l'Enfan pichot
Per lou chaufar ſi n'a meſtey.
    Couly per grand amour
Adonc ly vay reſpondre,
You ly darey meillour,
Pluſtot me farey tondre,
You ly darey de mon bigney
Que ſon tant jauney
Et ma pioule de nau partus,
Le meillour de mou dous bonneys,
Et mou dous corneys,
Per mon arme you ney repus.
    Darrez ero Peyrous,
Que ne parlaue gayre

Mas en petit de mours
Liour diguet son affayre,
You ly darey vn chariot
Mon amy guillot,
Par ly aprendre à chaminar
Dau laict per fayre dau cascot
Tout vn gran plen pot,
You ney re pus par ly dounar.
   Quand fugueron vengus
Au lougis dou Sauueyre,
Trouberon vn chanus
Que n'ero pas son payre,
Que se tenio auprés dau Fils
A tout son peau gris,
La Mayre l'auie en sous bras
Lou Beou la Saume sen son ris,
En fazen grands cris
Iamay ne fuguet tau soulas.
   Soubre vn pau de fe
Au meilho de l'estable,
Trouberon per ma fe
L'enfan doux, & amiable,
Chascun ly faguet son prezen
Hounourablemen,

K

La Mayre lous a remarcias,
Iouzé liour diguet hardimen
Et iouyouzamen,
O Bargers partez à Deou sias.
  Ou chau prendre congé
De l'Enfan & la mayre,
A Deo gentil. Noé
Temps ey de nou retraire,
Veüilla garda noftra Berbis
De mauuas perils,
Nou vou prejen en general
Donna nous voftro Paradis
Iefus beuley Fils,
Et au pays pax & fanda.

Autre Noel par le mefme fur le chant,
  Meyffonnaire be enfeignade.

La neu de nadal eys vengude
  Comme a efta profetizat,
D'vne Vierge be entendude,
A lou Fils de Deou enfantat,
Vierge ero au commencemen,
Et Vierge à l'enfantemen,

Amay Vierge eys demourade
Dauant Iesus noftre aduocade.
   Bargers layffen noftras Oeüilletas
Anen veyre l'enfan tan doux,
Car vn Ange en fas alletas
Nous a dit en fa belle voux,
Bargers partez tous viftamen,
Affembla vous honneftemen,
La pax de Deou vou fio donnade,
Anas en Bethlen la contrade.
   Veyre le Rey de tout le monde
Iamay n'en fut vn tal vegut,
Et dauantage vous refponde
Que nous porte noftre falut,
Dens vn eftable fen pailhen,
Soubre dau fe tan foulamen,
La noble Vierge eys couchade
Non pas dedens chambre parade.
   Son Fils n'a robe, ny chamize,
Ny may crouffet per lou crouffar,
Ma Iouzé en fa barbe grize
Que pren gran pene de cantar,
Per fay rire l'enfant tant gent,
Ou ne ny a pas d'autra gent,

Mas d'Anges à grande assemblade,
La Vierge neys accompagnade.
 Vous lou troubareys din la creche
Entre vn Asne & vn Beou,
Ensemble vne souche seche
Que ly on meys au lioc de chabeou
L'ensan pren tout paiziblemen,
Et sa Mayre hounourablemen,
Et dauant se seys genoüillade
Prejen par la creature nade.
 L'Ange en fazen son message
Tout à quo nous à racontat,
Parten donc en pau de langage,
Anen en Bethlen la citat,
You vou iure mon bon sagramen
Qu'you ly faray vn bel prezen,
Mon Arme ly faro dounade,
De long temps la ly ay voudade.
Lous Postoureaux & Pastourellas
Entre liours se sont reiouzis,
Per aquellas bounas nouuellas,
Son anas veyre lou beau Fils,
Et l'on adourat humblemen
En chantan for allegremen,

Y lon grande feste menade
En fazen chacun sa cambade.
   Prejen Iesus par abondance
De dounar à tous bon Nadal,
Et iamay au Reaume de France
N'agen guiarre ne dengu mal,
Et nou douna enteyremen
Son Paradis finablemen,
Noftre Arme ne fio tourmentade
A noftre darreyre iournade.

Autre Noel composé par le mefme Cure B.
fur le chant, il eftoit vne fillette.

MArgot ma gente mignoune
   Ma douce garffoune,
Aprefta my toft mon byffat,
Car vn bel Ange nous fonne
En propre parfonne,
Amay a dit en fon dictat,
Qu'anen en Bethlen la citat,
Per veyre vn gentil garffou
Que n'a pas enquéte tetat,

Et fi enten rime & razou,

El ey nafqut à meyneu,

Amay nou ny a re de queu.

El n'a ny laict, ny cailhade

Per lou pidanffa,

Prendray la fouffigas heu,

Et ma bouteille de queu,

Et ma pioule pertuzade

Per lou fa danffa.

  Adonc ly gente Bargeyre,

Qu'ero be gourreyre,

Ly o tour fon cas aprefta,

Sorten par bonne maneyre,

De fa poutonneyre,

Vn chapelet de grand beautat,

Qu'ero be polit & trouffat,

Fay de Roumary & de flours,

Et peu lou Bargey a beyzat,

En ly monftran figne d'amour,

Et ly a dit en chantan,

Pourtar à quo à l'enfan,

Et prenez vn pau de pene,

Si voulé be far,

Son lougis n'eys pas triomphant

Pourtás ly vn lanſſou blan,
Et de mouſſe, & de ledene
Per lou tapiſſar.

Adonc lou Bargey s'aduance
En ſa groſſe panſſe,
Et a preys conget de Margot,
Tous doux ſe ſont meys en dance,
Vn chacun s'eylance,
Et vont en Bethlen lou trot,
Et vont troubar l'enfan pichot
Din la creche ſoubre dau ſe,
Sen lumeyre ny may ſen feot,
Ma ſa mayre auprè de ſe,
Et Iouzé tou boubilhou,
Que fazio lou charpilhou,
Per acoſtra la fougeade
Quaquoüere piatat,
Et Peyroutoux & Guilloux,
Se ſont meys d'agenoüilloux,
Et d'Aignaux grand troupelade,
Ly on preſentat.

Lou Beon a may la Saumayre
Auprés de la feneyre,
Lay ont ero Ieſus couchat,

Tous doux d'vn amour enteyre.
A doux genoux l'ant adourat,
Demenant grand solennitat,
Iouzé rizie de grand fabour,
Quant vezio lou paubre beſtial
Recouniſſe lou Sauuadour.
Lou Bargers on dit au Fy,
Douna nous a force vy,
Et a force de iauells
Per cueillir dau blad,
Et à la fy de liour dits,
Ont demandat Paradis,
Au Fils & à la pioucelle
Que l'auio enfantat.

Autre Noel par le meſme Caré Bourg.

A Nen veyre le Meſſias,
En chantan Deo gratias,
Orſus Couly, & tu Michau,
As tu ouzy l'Ange Gabriau,
Queys deſcendit deuers lou ceau,
Per nous founar,
Et adjournar,

Que dengun ne faille
D'apourtat vitaille,
Per pourtar au Fils qu'eys nasqu
Dedin vn lougis tout rompu.
    Anen veyre le Messias, &c.
    Que ly dounaras-tu Vidau,
You ly dounarey vn caquau,
Doüas poulas grassas & vn Iau,
Bonnet, capel,
Mon corps & ma pel,
Et sen crendre narme,
You ly darey m'arme,
Tout ly sero abandounat,
Car el mou zo trestou dounat.
    Anen veyre le Messias, &c.
    Per acoustras son paubre houstau
You ly vole portar vn trau,
Que peze be may d'vn quintau,
Soubre mon doz,
Prendray doüas poz,
Sa moüeyzou estrange
Que me semble vne grange,
Petassarey tan à prousey
Que ne lé zauro gro de frey.
             L

Anen veyre le Meſſias,
En chantan Deo gratias.
Per fayre chaque pa vn ſau
You vole laiſſa mon argau,
El my ſario mourry de chau,
Ma tout a point
En beau parpoint,
Me vau mettre en courſe
Et ma plene bourſe,
De deners & de carolus,
Per donnar au petit Ieſus.
Anen veyre le Meſſias,
En chantan Deo gratias.
Beney Ieſus Rey eternau,
Que per nous venez ſouffrir mau,
Veüillas garda noſtre beſtiau.
Et lou Bargers
De tous dangers,
Tout noſtre meynage
Renda lou ſi ſage,
Tant que tous au darrey appel,
En Paradis chanten Noel.
Anen veyre le Meſſias,
En chantan Deo gratias.

Autre Noel du Curé Bourg, sur le chant
vray Dieu qu'il vit en mal-aize.

BArgers chanten tous Nadal
Car la sazou eys vengude,
Vn chacun en general
N'agen pu la lingue mude,
You ay la voux entendude
D'vn Ange en men dourmen,
Que n'auio pas la voux rude
Ma chantaue douçamen.

    Tougmoune sen pu fongea
Anen en Bethlen ville,
Ou non chau be arrengea
Per veyre l'enfan tan miste,
You n'aurey pu lou corps triste
Nasqut ey lou Saunadour,
Ou chau be qu'on ly conquiste
Dau be per ly fayre hounour.

    Lendemo de sainct Marty
Quand la tearre tremoulaue,
Ou fazio si clar maty,
Be sçabio que deuinaue,

                L 2

Tau signe nous enseignaue
De vioure pu iustamen.
Et que tres-be s'aprouchaue
Lou grand iour dau iugemen.

La moüey zou fazien tric trac,
Qu'aqoüere choze crudelle,
Tau signe nous a monstrat
Quanen veyre la pioucelle,
Que te soubre sa gounelle.
Iesus son enfan pichot,
Porten ly vne padelle
Per ly fayre son cascot.

Vistamen sen chau rasclat
Meten nous trestous en teyre,
Eylhio auro vn voulet clat,
Que m'a dounat la Bargeyre.
La beneyte tresaureyre
N'en voulparo son petit,
Porten ly force madeyre
Car eley mau assourtit.

You vau mous eyclaus laissat
Per courre de meillour sorte,
You n'ay pa paou de glissar
Car lou doux Iesus m'emporte,

Toute tristesse m'ey morte
De son doux aduenement,
Ou n'eys clauzure si forte,
Qu'you ne saulte gayement.
    You ly darey daus tourteaus,
Dau laict amay dau froumage,
Vn pareil de beaux Agniaus
Que ne sont pas de grand eage,
Et sen fayre lou sauuage,
You prendray mon bon bonnet,
Dauan vn tau parsounage
Ou fay bon estre benet.
    You que sey le grand Couly
Tougnonne you my reuenche,
You prendray par lou doux Fy,
Mau beaux habiss dau Dimanche,
Ma sarpe qu'à lou grand manche
La dounarey à Iouzé,
Et de mon cornet qu'a bel enche
Chantarey Noé, Noé.
    Ou ne nou chau re espargna,
A l'enfan ny à la mayre,
Corps, Arme ly chau douna,
On ne sçaubrie pa mey fayre,

Prejen l'enfan debounayre,
Qu'en tous nos faicts & nos dicts,
Au mondo ly peuchon playre,
Per aquerir Paradis.

Autre Noel composé par M. Obert, sur le
chant du ballet du Ramoneur.

LA Vierge beneyte
Ey jaleyte,
A la quoëyte,
Veremen mo preyte
Sen téteyrou, ny drapé,
Ma entreyte
D'Angey vn troupé
  Iouzé no ny paille,
Ny chalaille,
Ny moüé maille,
Et l'Enfan que raille,
Sen téteyrou, ny drapé, &c.
  Et le petit pure,
A la dure,
Nautre dure,
Gran frey yo l'endure,

Sen téteyrou, ny drapé, &c.
   Yo ley sen chamize,
A la bize
Que lauize,
Yo suo nautre crize,
Son téteyrou, ny drapé, &c.
   Soubre la paillado
Quey moüillado,
Et gialado
L'Enfan à l'onliado,
Sen téteyrou, ny drapé, &c.
   L'argen de la banque
Ly foë blanque,
Et de Canque,
Le bonné ly manque,
Sen téteyrou, ny drapé, &c.
   De paya gabello
Nio nouuello,
Yo n'appello,
Yo l'ey sen gounello,
Sep téteyrou, ny drapé,
Ma enteyre
D'Angey vn troupé.
     FIN.

Noël nouueau composé par M. le P. C. sur le
chant, C'est a ce coup que ie quitte
Siluie, ou bien Encor vn mot ô beau-
té, &c.

Cà marché tou soû la même banèyre,
Argo, sayou, girandé, sarpely,
Et que chacun quitte sa chatonnèyre,
Peu que Noé commence deypely.

Le gho paueu deyrulhe sa courniole,
Pao deyplegha son gran coqueleyqueu,
Ley cliere sou dau moytan d'vne niole,
Et le Souloy pre son iour d'vne neu.

Li ceo foé jeu d'vne nouuelle eyteale
Que iambé pu narme na counigu,
Et trey gran Ré sen seruon de châdeale,
Par veyre vn Rey, que dengu n'a vegu.

Tou eyuenla din le creu d'vne creche,
Yo ley iazen pre d'vn asne, & d'vn beou,
L'vn ley chandy, peussa l'autre le leche,
Ma paraquou ne parpa d'estre Deou.

Lore, l'air prin & le motem l'accoure,
L'yuear le se, iusque din son croutou,
Lau quatre ven le bousson d'houre en
houre   M

Le gio, le lhia, ley cire entre partou.

Sen dengun bru, greuze ny patifaci,
Le bon Iesu tou razibu dau sau,
Trobéaquou dou comme de leycalaci,
Et viou conten din son peti brousseau.

Vn bon vealot le pre soubre sa fode
Couey son billy, foüé secha son drapé,
Le Beou dau zeu le boize, le miniode,
Et foüé cliaqua la sole de son pé.

Sa moere hela toute gate l'enguete,
Peu tou de co, l'embrasse tan que po,
Ri comme se, ma par passa la feste,
Y nenon pa soulacamen dau po.

Le courtizan ny moé la courtizane,
Ne venont guere enuiron da son ley,
L'on ny ve re ma quoque payzane,
Quoque goutry, ou quoque journaley.

Tabe son ley ney ma de se sauuage,
Et son chabe deytoullia de marey,
Et comme yo ley naqu dedin l'eytable,
Yo se plé for, que tou eysio parey.

Courage donc me eytressa Varni-
chouna,
Boutta la ma soubre le gran rouré,

Et ramplicha touta nautra poutouna,
De bon vy cliar, blan, paly & bourré.

Entra cha se la porta son daubearta,
Noé foc feste au paubrey payzan,
Et amo moé liour petita aufearta,
Que lau trezor dau riche partizan.

Parla ly no nagey pau qu'io vou crede
Yo pre plazey de toutsoubre & ouzy,
Et peu puny tan pu tar, tan pu rede,
Lau gran mialo qu'engafon lau pauzy.

Ma par la cour yo sa be que deou foere
Yo compre vite, & no gro leyme eypey,
Quo ey le belé, & par foüere vn affoere,
Vou ne ly fo parola ny papey.

De se deypen toute nautre eyperáce,
Et re ne sert de foüere lau meychant,
Yo re sou fe, & l'Eypagne, & la France,
Yo ley seniour de la viale & dau chant.

Io nau re tou sou sa grande tyalasse,
A nen pian piane, & fassen belamen,
Car yo sabe on re le ba nau blasse,
Demanda ly secour ran soulamen.

Pregē le tou qu'io nau serue de guide,
Que dōnc au Rey & toute sa moeyzou,

Bon tem, bon cor, bon fey & hône vide,
Et que chacun viue din la razou. (ge,
    Le Liō d'eypagne a prou foé lo fauua-
Le chan dau gho cōmence a l'eytouna,
Et foé cha fe tant & tant de rauage,
Qu'io ley contaio de tout abandonna.
    Fu fu mialo, fu fu la coulour rouge,
Fiole de loin, fi tu vouley fixula,
Fu fu cingliar forre te din ta bouge,
Na tu pa pau de te prendre au hala.
    Fu fu chafoey gagne me la ganteire,
Et reycon te din ton peti coufy,
L'home dau Rey a doubla fa rateire,
Pu fi que fe, paffe par paffe fy.
    Na tu gi pau que ton party s'empire,
Que ton paren fio fen force & poudey,
Sen crou, fen be, fen boule, fen empire,
Et Pelingo ne more entre fau dey.
    Briza, Hedin, Turin, Arra, Bapome,
Lau Portugay, l'Angley, lo Catalan,
Se fon rangha à la ley dau Royaume,
Et tu vouley foüere le veargalan.
    Le Rouffilliou trēble fou nôtre pole,
L'Artey bargigne & la franche Conta.

Et fi dengu n'agueffe foüé de fora,
Aquou, moé moé, feriu nautre caura.
  Vou farei mey tan que fe de me creire
Prenia patience & hâte par vn po,
Et venia tou din vn cyrable veyre,
A qué que vo nau donna dau repo.

Yo vou diro, qu'yo ley fadou de guiarre,
Sega fon dire, vou yo fe facharo,
Affiauza vou ne troubley pu fa tearre,
Car autramen yo vou zen chaffaro.

Noel nouueau composé par M. Iafeph Paft.
  fur vn chant nouueau.

VOu zaué be beo rire,
  Lau pé fou lau chanfeo,
Et rechinia leycire
Quant vou fe pré dau feo,
Quitta que roudo
Iau ze aprey vne nouuelle,
Que le bon Nado
Ero naqu d'vne Ptaucelle,
Din queyre fazou,

Io ley tou fou
Soubre vn liaſſou,
Din vn paliaſſou,
Sen aucun drapé deſſou.

  Io ley din vn eytable,
Sen veyrio ny chaſſi,
Tou nud, tou miſerable,
Et quemen tou tranſi,
Sen le giraudé dau bon Iauzé,
Que l'enuartouille,
Et ſen le gouné
De ſa moere, que ſe depoüille,
Le pobre eypeilla
Serio moüilla,
Sou que pailla
Quey tou eyboulia,
Et plé de nege, & de lia.

  Quou foé tro de coueire,
De l'auzy fredonna,
Iau ne pode pu rire
Vou le men ſo ana,
Veyre que bon Diau
Aupre d'vn miau, que porte pene,
Et iaute vn Beou

Que leychandi de son halene,
Quou ney pa le drey,
Qu'aqué bon Rey
Endure frey,
Din aque l'endrey,
Quey si sale & si eytrey.
    Bon Diau changea de plasse,
Vou se tro mo cyssi,
Iau zé vne bourrasse,
Vn drapé, vn cocyssi,
Dau bié, dau bedy,
Le coubartou, la broussouleyre,
Le tour de cady
Par enuourpa voutre branleyre,
Vn genti grelé
Le deygalé
De mon Belé,
Moé vn goubelé,
Et dau vi din mon barlé.
    Iauzé plegea bagage,
Vou se tout accoura,
Pourta me que l'Eymage,
Que deau estre adoura,
Sarra l'attifé

Et lau gouneb de la faleyre,
Et tou voftre fé,
Voutre cizé, & voutre ceyre,
Nau pidanfaren,
Nau chaufaren,
Nau chantaren
Et n'eypelniaten,
Char, ny vi, ny chaçaren.

   Si aque be m'arribe,
Iau ne crenie re pu,
Ny Vernid, ny fe gribe
Satan ny Barzebu,
Ny tou ce quantey
D'aquelle trifte tablature,
Qu'vn eyme ratey
Po deuina din la Nature
Comme lau impo,
Que deypu.bo
Mau à propo,
Meychan eycharpo
Qu'eycingon nautre repo.

FIN.

Noel Clermontois composé par M. I. Pr. sur
le chant, dis-moy Chasteauuert.

BArgé leua vou,
L'Eyteale ey tan cliare,
Augha que par tou
Vn Ange deycliare,
Qu'auen agu
Diau le sy be vengu,
   Par nou reiouzy,
D'aquele embassade,
Vou nou so chanzy
Din nautre brigade,
Lau bou eyfan,
Qu'on putau sé, que fan
   You sey tou rauy
D'aqueyte visite,
Chargen nou de vy
Pûtau que de mye,
Par eychandy
Nautre cor engourdy,
   Vou fau que Mauncy
Porte la parole,
Yo ley laziney

Amoé din leycole,
Dau Courtizan,
Que le fon be dizan.
    Girar que n'a gy,
La lingue deuiade
Vendre au lugy
Dire vne cenade,
De fa chanfou
A l'hounour dau Garçou.
    Si fo fredouna
Michau que farpente,
Ma qu'aghe entouna
A la voix for gente
Par empoycha
Lefan de fe facha.
    Par eftre conten
Din nautre voyage
Fo mena Bontem,
Moé tou fon moüeynage
Par deygala
Le bon Diau deyuala.
    Si par lau chamy
N'auian de pidance
Piarre nautre amy,

Que manie finance,
Troubare prou,
Pu que l'argen foüé tou.
   Ma que nou fian loin,
Dau brû de la viale
N'aghen pa de foin
De ce que s'enfiale,
Par quela gen,
Qu'atrapon tou l'argen.
   Si fon dau party,
De fau, de Gabele,
Que par eyparty
L'orme de Tauole,
Liour fio douna,
Sen liour re pardouna.
   Ne nou melen pa,
De tou quou afoüery,
Seguen le compa,
De noutrey vieu Poery,
Pû qu'en liour ten,
Y viuion tou conten.
   Chanten foulamen,
De Noé la fére,
Viuon fagemen,

Le ceo nou apéте,
Ma que d'eycy
N'agen d'autre foucy.

Noel de l'année de la maladie 1631. composé
par M. I. P. fur le chant, Lan turlu.

COurage moüeynade
Qu'aué bon goure,
Douna vn'aubade,
Au Rey dau toure,
Pû d'vne voix forte
Fredouna quoque chanfou,
Au Garçou
Que tou fou,
Noutrey pecha porte.
　Yo ley din la creche,
Soubre vn po de fe,
Sen oly, fen meche,
Sen feo ny boufe,
Sa Moere ey couchade,
Sen rideo, ny tour de ley,
Sen chaley 　　　De nugey,
Soubre vne palhade.

Iauzé que patege,
De moury de frey,
Lau pé din la nege,
Fen vn gran pointey,
Par liour foüere coüeyre
Dau brey que ney pa tro char,
Par la char
Et le lar
Que son din le doüeyre.
Eycou le bagage
D'vn Fy si puissan,
Eycou l'eyquipage
D'vn Prince dau san,
Mon Diau quo patience
De vou veyre en to eyta,
De piata,
Si mata
Par noutre imprudence.
Si noutre malice
Ey cause d'eyçou
Voutre gran Iustice,
Par n'auey razou
A tremey la peste,
Que nou zo tan cousegu,

Que dengu
Ney vengu,
Foüere voutre feſte.
     Sen Iulhe à ſa tearre
Remplide de cor,
Ceſſa voutre guiarre,
Sia en nou d'acor,
Peu faren partide,
Par chanta d'vn ton nouué
Noé Noé
Noé Noé
Toute noutre vide.

Noel nouueau compoſé par M. D. C. ſur l'air d'vne Bourrée.

HO! la genta nouuela,
  Qu'auen gu aqueyre neu,
Sen coeyfe, ſen dentela,
Amoé ſen coulé de neu
Din vne moeyzounete,
Vne Vierge ſen bounete,
Domino ny Cournete
Ey couchade ala meyneu.

Vn Rey qu'ey Diau & Home,
Lio zo foüé foubre dau fé,
Que ne fo pa que chome
Par nau tau douna la fé,
Heyrode l'enuegeaue,
Et de le tua peletaue,
Sa troupe grondeniaue
Comme le bru d'vn roufé.

Yo ley fen brouffouleyra,
Sen bedy, fen teyteyrou,
Sen croucé, fen crouceyra,
Sau meillour drapeo fon rou,
Na ma vne bourraffe
De quoque trô de bezaffe,
Par ly coubri la faffe
Yo beau din vn Picheyrou.

Lau Bargé fe roucauon,
Par ly douna dau prezen,
Et peu quant s'entournauon
Tout liour zero abauzen,
Et lau Angey de proye
Rampliffion vne Ialoye,
Que Iauzé de gran Ioye
Conferuaue en rizen

Le Beou que leche l'Asne,
Sort de sau partu de na,
Sen que guere s'afane
La chalour de sa vena,
Par eychandy la moere,
Et l'Efan que po tout foere,
Et que po tout deyfoüere,
Peu que la mar zo bourna.

Ma quoey n'eytrange choze,
Diau foé cou par nou sauua,
Et par metamorphoze,
Tou nautrey pecha laua,
Moé paye nautre taille,
A dau gueu, de raffataille,
Qué non vaillen la maille,
Ma le bon Diau so lauua.

Pardonna nautra fota,
Bouta nau din voutre ceo,
Que le zo gi de nota,
De noiza, ny de prouceo,
Facha nau tau en teyre,
Dedin la grande feneyre,
Veyre voutre lumeyre,
Tou rangea comme caceo.

FIN.

www.ingramcontent.com/pod-product-compliance
Lightning Source LLC
Chambersburg PA
CBHW052148090426

42741CB00010B/2187